Luise Berg ist ziemlich klein
und möchte so gern größer sein.

Doch das geht auf die schnelle kaum,
drum träumt sie oft den einen Traum.

In diesem ist Luise Berg
ein ganz, ganz – klitzekleiner Zwerg!

Und wacht sie auf, freut sie sich sehr,
daß sie nicht ist so klein wie er.

Der Regen trommelt auf das Dach,
sein Trommeln macht Luise wach.

Der Regen rinnt auf Weg und Wiese.
Was zieh ich an? fragt sich Luise.

Kordhosen, Anorak dazu
und Stiefel – oder feste Schuh?

Am Frühstückstisch staunt jedermann:
Den Badeanzug zog sie an!

LUISE MUSS ZUM ZAHNARZT SCHMITT;
der Vater sagt: »Ich gehe mit!«

»Ich auch!« ruft tapfer Bruder Jan.
Die Mutter nickt: »Auch ich wär dran!«

Doch als der Tag herangerückt,
hat Bruder Jan sich rasch verdrückt.

Die Mutter wäscht, Papa zieht Leine.
Luise Berg geht ganz alleine.

LUISE WAR AM VORMITTAG
mit Jan im Zirkus »Paukenschlag«.

Dort sah sie auch einen Jongleur,
und was er tat, gefiel ihr sehr.

Zu Haus beschließt Luise dann:
Ich fang jetzt zu jonglieren an.

Sie nimmt vier Teller aus dem Schrank.
Ganz blieb nur ihrer – Gott sei Dank!

FASCHINGSFEST IM KINDERGARTEN:
Luise kann es kaum erwarten.

Nur – als was geht sie dorthin?
Als Hans im Glück? Als Pinguin?

Als kleiner Prinz mit langem Haar?
Als Clown? Als Baba-Jaga gar?

Eines entfällt wohl für Luise:
Riese!

Luise Berg spielt Blindekuh,
rennt alle an und muht dazu.

Ihr Bruder weicht zurück vor ihr,
doch leider nicht die Zimmertür.

Der Vater glättet ihre Beule
und sagt: »Spiel doch ab morgen Eule,

die sieht noch nachts die Maus im Korn;
nie traf ich eine mit 'nem Horn!«

1. April: Die Mutter spricht:
»Du hast noch Schuhkrem im Gesicht.«

Luise rennt zum Spiegel, schaut –
»April, April!« ruft Mutter laut.

Luise denkt: Wie stell ich's an,
daß ich die Mutti anführ'n kann?

Schmiert sich die Stirn schwarz wie ein Specht:
»April, April? – Du hattest recht!«

Luise sät aus bunten Tüten
vorm Kindergarten Margeriten.

Auch Kai und Anja hacken, gießen
und warten, daß die Pflänzchen sprießen.

Als alles wächst, blüht und gedeiht,
sind die drei Kinder hocherfreut.

Sie wissen, ohne Blumen wär
die Erde traurig arm und leer.

Luise Berg hat ein Kaninchen,
ein weißes, das heißt Fräulein Minchen.

Sie pflückt ihm Löwenzahn, Luzerne;
auch Blütenklee frißt es sehr gerne.

Und füttert sie's mit gelben Möhren,
kann man es lustig schnurpsen hören.

Sie streichelt's jeden Abend sacht
und wünscht ihm eine gute Nacht.

LUISE SPRICHT EIN KÄTZCHEN AN;
es spitzt die Ohr'n und folgt ihr dann.

Zu Haus springt es auf ihren Schoß.
Sie überlegt: Was mach ich bloß?

Denn ob es bleiben darf, ist fraglich.
Sie gibt ihm Milch, es schnurrt behaglich.

Noch heute ist es bei Luise,
spielt oft mit Minchen auf der Wiese.

Luise Berg springt übern Bach –
zum Glück sind Bäche ziemlich flach.

Denn sie verfehlt des Ufers Rand
und krabbelt triefend naß an Land.

Da steht sie nun wie'n Wassermann –
patschnaß – und überlegt sich dann:

Kann Schlimmeres mir noch passieren? –
Will gleich den Sprung zurück probieren!

LUISE STEHT BEIM FLEISCHER AN,
nur schneckenlangsam geht's voran.

Die Frau am Wurststand macht ein Schwätzchen,
Luise murrt wie'n junges Kätzchen.

Und die am Fleischstand schläft bald ein,
Luise möchte »Hilfe!« schrein.

Ich werde mal Verkäuferin,
beschließt sie, weil ich fleißig bin.

Luise Berg hackt Petersilie,
kocht Suppe heut für die Familie.

Nur schnell, es riecht schon angebrannt;
der Salznapf rutscht ihr aus der Hand.

Man sitzt zu Tisch; der Bruder stöhnt.
Die Mutter sagt: »Du bist verwöhnt.«

Da löffelt Vater voller Mut.
Luise fragt: »Na, schmeckt es gut?«

Luise packt die Farben aus,
malt eine rote Riesenmaus,

'nen grünen Mini-Elefant,
darunter blauen Wüstensand.

Die Oma kommt hinzu und lacht:
»Weißt du nicht, wie man's richtig macht?«

Luise nickt: »Klar weiß ich das,
doch so macht es mir viel mehr Spaß!«

LUISE STEIGT AUF EINEN STEIN
und sagt: »Jetzt will ich Denkmal sein.«

Steht wirklich zwei Minuten stumm,
dann aber wird ihr das zu dumm.

Sie reckt die Brust raus wie ein Hahn
und fängt lauthals zu krähen an.

»Ein Denkmal, welches Faxen macht,
das wär mal was!« meint sie und lacht.

GROSSVATER UND LUISE DRÄNGEN
heut in ein Haus, wo Bilder hängen.

So viele Bilder! Sie wird munter:
Sogar eins mit 'nem Clown ist drunter!

Luise staunt; sie war noch nie
in einer solchen Galerie.

Sie läuft ganz aufgeregt nach Haus:
Viel bunter sieht die Welt jetzt aus.

»Lies mir was vor«, bettelt Luise.
Doch Mutter schnipselt grad Gemüse.

Sie hält das Buch dem Vater hin,
der schabt sein eingeseiftes Kinn.

Rasieren, denkt sie, kann ich nicht.
Zurück zur Mutter läuft sie, spricht:

»Ich schnipsle das Gemüse hier,
und du liest mir was vor dafür.«

WENN HERBSTWINDE DIE WIESEN STREICHELN,
bückt sich Luise Berg nach Eicheln,

die munter zwischen Gras und Wurzeln
aus bunten Blätterkronen purzeln.

Ein paar braucht sie für Bastelstunden,
die meisten solln den Rehen munden.

Luise weiß, dies hilft den Rehen,
den Winterfrost zu überstehen.

Stolz trippelt heut Luise Berg
an Vaters Hand in Vaters Werk.

Maschinen rasseln, tosen, dröhnen,
als klappern Riesen mit den Zähnen.

Fast alle zeigt der Vater ihr.
Luise staunt: Auch Frau'n sind hier!

Sie geht zu ihnen hin und sagt:
»Ich bin Luise. Guten Tag!«

Luise tobt die Treppe rauf;
der Nachbar reißt die Türe auf:

»Mach doch nicht solchen Lärm, du Wicht!«
Luise piepst: »Das wollt ich nicht.«

Herr Jäckel lächelt: »Na, schon gut!«
und macht die Türe wieder zu.

Luise denkt: Ein lieber Mann!
und pfeift vor Glück, so laut sie kann.

HERBSTBLÄTTER WIRBELN WIE PROPELLER;
Luise Berg steigt in den Keller.

Dort hört man bis zum frühen Dämmern
Luise singen, sägen, hämmern.

Verschnupft entflieht die letzte Maus;
Luise baut ein Vogelhaus.

Sie sagt: »Mir schmeckte ja kein Essen,
fänden die Vögel nichts zu fressen.«

LUISE BERG SITZT IN DER WANNE
und bläst in eine Kaffeekanne.

Schaurig verklingt das Nebelhorn,
da nahen Haifische von vorn.

Drauf steuert sie geschickt ihr Schiff
um ein gezacktes Felsenriff.

Steigt aus der Wanne nach zwei Stunden
und hat drei Meere überwunden.

LUISE STACH SICH IN DEN FINGER;
die Mutter sagt: »'s gibt schlimmre Dinger«

und schneidet ihr ein Pflaster ab.
Luise bittet: »Nicht zu knapp!

Viel besser wäre ein Verband,
möglichst um die ganze Hand! –

Alle Kinder staunen sehr,
komm ich morgen so daher.«

Im Kindergarten spielt Luise
am liebsten mit der Puppe Liese.

Sie zieht sie an und aus und um,
hopst mit ihr wild im Zimmer rum.

Fährt sie spazieren, singt ihr Lieder,
zeigt ihr den kleinen Spatz im Flieder.

Erzählt ihr Märchen und auch Quatsch,
kichert für sie wie Pittiplatsch.

Weisses Fell ziert Busch und Wiese;
Jan ist rodeln mit Luise.

Fahrtwind wedelt ins Gesicht,
schaut man seitwärts, stört er nicht.

Dafür kracht es jetzt, o weh! –
Beide krabbeln aus dem Schnee.

Nur die Schlitten sausen still,
aber unbesetzt durchs Ziel.

Luise Berg steht vor dem Spiegel
und kämmt sich einen Strubbeligel.

Weit steckt sie ihre Zunge raus
und zieht dabei die Stirne kraus.

Sie dreht dem Spiegelbild 'ne Nase
und schnüffelt wie ein Osterhase.

Sie klappt die Ohren ins Gesicht.
Wie sie das macht? Ich weiß es nicht!

1. Auflage 1987 · © DER KINDERBUCHVERLAG BERLIN – DDR 1987 · Lizenz-Nr. 304-270/52/87 · Gesamtherstellung: Grafischer Großbetrieb Sachsendruck Plauen LSV 7527 · Bestell-Nr. 632 845 8 · 00620

ISBN 3-358-00216-0